रामकृष्ण परमहंस

(जीवन कथा)

रामकृष्ण परमहंस

महेश दर्पण

श्रृंखला सम्पादक

लीलाधर मंडलोई

वाणी प्रकाशन ग्रुप
भारतीय ज्ञानपीठ
वाणी प्रकाशन : भारतीय ज्ञानपीठ की पुस्तकों के एकमात्र प्रकाशक एवं वितरक

सजिल्द पहला संस्करण : 2017
सजिल्द दूसरा संस्करण : 2024

शिक्षोदय ग्रन्थमाला : ग्रन्थांक 021

प्रकाशक
वाणी प्रकाशन ग्रुप
4695, 21-ए, दरियागंज, नयी दिल्ली-110 002
फ़ोन : 011-23273167, 23275710
ईमेल : sales@vaniprakashan.in

ISBN 978-93-263-5508-7

रामकृष्ण परमहंस
(जीवन-कथा)
महेश दर्पण

RAMKRISHN PARAMHANS
(Jeevan-Katha)
by Mahesh Darpan

मुद्रक : आर. टेक ऑफ़सेट प्रिंटर्स, दिल्ली-110 032

Price : 295

भारत के भविष्य : युवा साथियों के लिए

अपनी बात

रामकृष्ण परमहंस हमारे देश के ऐसे संतों में एक हैं जिन्होंने सहज, सरल व सफल जीवन के सूत्र अपने उपदेशों में दिए हैं। वह कहते हैं—'अपने बाहर झांक कर तुम यह नहीं जान सकते कि जा किधर रहे हो! यह जानना हो, तो अपने भीतर झाँक कर देखो! कामयाबी का मापदंड तो दूसरे लोग तय करते हैं, किन्तु सन्तोष का मापदंड तो मनुष्य स्वयं निर्धारित करता है। यह ध्यान रखो कि अब तक कितना चल सके हो, यह नहीं कि अभी कितना चलना शेष रह गया है! जो मिल गया है, गणना उसकी रखो, जो न मिल सका उस पर ध्यान न दो।'

रामकृष्ण परमहंस का जीवन वृत्त आज के युवाओं के लिए ऐसी प्रेरणा बन सकती है जो आजीवन उनका आत्मविश्वास बढ़ाती रहेगी।

—लेखक

नाव जल में रहे, किन्तु जल नाव में नहीं रहना चाहिए। इसी प्रकार साधक जग में रहे, किन्तु जग साधक के मन में नहीं रहना चाहिए।

—रामकृष्ण परमहंस

रामकृष्ण परमहंस

एक दिन रामकृष्ण परमहंस के कक्ष में अनेक जिज्ञासु, छात्र और भक्त श्रद्धा-भाव से बैठे हुए थे, किन्तु उनका संवाद एक तेजस्वी युवक के साथ चल रहा था। यह युवक उन दिनों अध्ययन ही कर रहा था। नए अनुभव पाने के लिए कभी वह

स्वामी रामकृष्ण परमहंस

ब्रह्मसमाज के लोगों के बीच हो आता तो कभी रामकृष्ण परमहंस के पास चला आता।

संवाद के बीच अचानक परमहंस ने कुछ पल रुक कर उस युवक की ओर देखा और उससे एक प्रश्न कर डाला—"क्यों नरेन्द्र, संसारी लोगों को तू क्या कहेगा? वे तो भक्त को विक्षिप्त समझते हैं। कभी कोई तेरी निन्दा करने लगे, तो तू क्या करेगा?"

"मैं तो स्वयं को हाथी समझूँगा और उन्हें अपने पीछे भौंकने वाला कुत्ता। कुत्ते भौंकते हैं तो हाथी को इससे क्या!" युवक ने सहज भाव से रामकृष्ण परमहंस के प्रश्न का उत्तर दे दिया।

युवक सोच रहा था, उसने सटीक उत्तर दिया है, किन्तु रामकृष्ण परमहंस ने उसे समझाते हुए कहा, "इतना गर्हित कभी न सोचो। इस ब्राह्मण्ड के सभी जीव परमात्मा के अंश हैं। वे सभी प्रेम के पात्र हैं।"

यह सुन कर युवक ने उनसे तर्क करते हुए पूछा, "बाघ में भी तो परमात्मा का अंश है, तो क्या फिर हम उसके गले लग जाएँ!"

कक्ष में बैठे सभी जिज्ञासु और भक्त यह संवाद बड़ी उत्सुकता से सुन रहे थे।

परमहंस ने युवक को उत्तर दिया—"तुमने ठीक कहा, बाघ में परमात्मा का अंश है, तो उससे डरना कैसा! किन्तु जो तुम्हें बाघ से सचेत रहने को कहते हैं, उनमें भी तो उसी परमात्मा का अंश है! तुम्हें उनकी बात का मर्म अवश्य समझना

चाहिए।"

युवक के साथ ही जिज्ञासुओं को भी जीवन का एक बड़ा सबक इस संवाद से मिल गया था।

रामकृष्ण परमहंस के साथ संवाद करने वाला यह युवक ही बाद में उनका परम शिष्य बना। दुनिया आज उसे विवेकानंद के नाम से जानती है। आधुनिक भारत के इस महान दार्शनिक और युवाओं की प्रेरणा विवेकानंद के गुरु रामकृष्ण परमहंस का जीवन अनेक रहस्यों और उतार-चढ़ावों से भरा रहा।

पारिवारिक पृष्ठभूमि

पश्चिम बंगाल में एक हरा-भरा गाँव है दरियापुर। वहाँ रहा करता था एक चट्टोपाध्याय परिवार। इसके मुखिया थे—खुदीराम चट्टोपाध्याय। यह एक पारम्परिक आस्थावान परिवार था, अतः खुदीराम अपनी पत्नी चन्द्रमणि के साथ अपने इष्टदेव भगवान राम की आराधना करते रहते। इस परिवार में सत्य, प्रेम और न्याय के प्रति अगाध श्रद्धा थी। इस कारण समस्त ग्रामवासी परिवार का बड़ा सम्मान करते थे। यहीं इस परिवार में पहले एक पुत्र उत्पन्न हुआ, जिसका नाम रखा गया राम कुमार। फिर सात साल बाद एक पुत्री ने जन्म लिया, जिसका नाम कात्यायनी रखा गया।

समय का फेर ऐसा पड़ा कि इस परिवार को अपने आदर्श सत्य के प्रति आग्रह का कठोर दंड सहना पड़ा।

हुआ यह कि खुदीराम से कहा गया कि वह गाँव के

जागीरदार के लिए झूठी गवाही दे दें, किन्तु खुदीराम ने ऐसा करने से इनकार कर दिया। इनकार तो कर दिया, लेकिन इस वजह से उन्हें अपनी समूची सम्पत्ति से हाथ धोना पड़ा। यही नहीं, उन्हें वह गाँव छोड़ कर हुगली जिले के कमारपुकुर नाम के एक गाँव जा कर में शरण भी लेनी पड़ी। यहाँ उनके मित्र सुखलाल गोस्वामी का बड़ा सहयोग रहा।

अच्छे लोगों के बुरे दिन जल्द ही खत्म भी हो जाते हैं। देखते-देखते सन्तोष, लगन और प्रेम भरे इस परिवार ने नई जमीन में अपनत्व का प्रसार कर लिया। कमारपुकुर के लोग भी इस चट्टोपाध्याय परिवार को खूब पसन्द करने लगे।

समय का फेर देख कर खुदीराम ने केवल आधा एकड़ जमीन और बहुत कम आर्थिक आय पर ही सन्तोष कर लिया। विपरीत समय में उनकी आस्था और बलवती हो गई और

रामकृष्ण परमहंस और मां शारदा

वह भगवान राम की भक्ति में पूरी तरह से रम गए। कमारपुकुर में आये जब छह बरस बीत गए तो खुदीराम ने अपनी बेटी और बेटे का विवाह कर दिया।

बेटा राम कुमार पढ़ाई पूरी कर लेने के बाद पुरोहिताई में लग गया था। आय ठीक-ठाक होने लगी तो उसने घर का दायित्व खुद सँभाल लिया। बेटे ने घर-बार सँभाल लिया तो माँ और पिता तीर्थ यात्रा कर आए। कुछ समय बाद उनका दूसरा पुत्र जन्मा। उसका नाम संभवत: रामेश्वर इसलिए रखा गया कि इससे पूर्व उनकी तीर्थ यात्रा रामेश्वरम् की हुई थी। आस्था से भरे खुदीराम का कुछ दिनों बाद मन हुआ कि वह गया तक पैदल ही चल कर जाएँ।

सोचा और चल दिए। गया पहुँचने में उन्हें काफी समय लग गया। गया पहुँच कर उन्होंने जी भर कर पूजन तो किया ही, गदाधर भगवान के समक्ष पिंडदान भी किया। पारम्परिक विधि-विधान से संस्कार करने के बाद वह पितृ ऋृण से मुक्त हो गए और स्वस्थ अनुभव करने लगे।

इसके बाद हमारे कथा नायक का समय आ पहुँचा और खुदीराम व चन्द्रमणि के घर एक पुत्र का जन्म हुआ। यह 18 फरवरी, सन् 1836 का दिन था। खुदीराम ने गदाधर अर्थात भगवान विष्णु के नाम पर इस पुत्र का नामकरण किया—गदाधर। कालान्तर में यही गदाधर चट्टोपाध्याय स्वामी रामकृष्ण परमहंस कहलाए।

खुदीराम का स्वप्न

कहते हैं कि गया में ही खुदीराम ने एक अद्‌भुत स्वप्न देखा था जिसमें स्वयं भगवान गदाधर ने उनसे यह कहा था कि वह उनके घर में बेटे के रूप में जन्म लेने वाले हैं। गदाधर बचपन से ही ऐसी मृदुल मुस्कान और सौम्यता लिए था कि जो उसे देखता मन्त्रमुग्ध हो जाता।

गदाधर बालपन से ही एकदम शान्त, सुस्थिर, गम्भीर, मधुरभाषी और सरल प्रवृत्ति का बालक था। उसकी स्मरण शक्ति विलक्षण थी। पाँच बरस की उम्र में उसे विद्यालय भेजा गया, लेकिन पढ़ाई में उसका मन ज्यादा न लगा। भाषा पढ़ना, लिखना और कुछ आवश्यक कार्य करने योग्य वह अवश्य हो गया, किन्तु किताबों से उसे बिलकुल लगाव न था। यही कारण है कि कालान्तर में जब गदाधर संत हो गए, तब उन्होंने साफ-साफ कहा कि पुस्तकें ऐसी जंजीरें हैं जो आत्मा को सही ढंग से व्यक्त होने में बाधा डालने का काम करती हैं।

सच तो यह है कि कम उम्र में भी जैसा विवेक इस बालक में मौजूद था, वह कम ही देखने को मिलता है। सब कुछ बिलकुल ठीक-ठाक चल रहा था कि सात बरस की उम्र में ही गदाधर को अपने पिता का देहान्त देखना पड़ गया। इसके बाद तो जैसे उनका पूरा पारिवारिक वातावरण ही परिवर्तित हो गया। पिता के निधन ने अनायास आर्थिक संकट पैदा कर दिया।

इस समय तक गदाधर के बड़े भाई कोलकाता में एक स्कूल चलाने लगे थे। गदाधर तो अपनी माँ के पास ही रहना

रामकृष्ण परमहंस और काली माता

चाहते थे, किन्तु भाई उन्हें अपने साथ कोलकाता ले गए।

कोलकाता तो चले आए, लेकिन वह अपने सहज और विनयशील स्वभाव के कारण अपने में ही बने रहते। उनका मन बहुत प्रयत्न करने पर भी पढ़ने-पढ़ाने में ज्यादा न लग सका। रह-रह कर उन्हें कमारपुकुर का वह माहौल बार-बार याद आता जिसमें नाटकों ने उन पर विशेष प्रभाव छोड़ा था। पूजा के दिनों में वह बड़े ध्यान से नाटक और खेल देखते। उनकी बारीकियों को समझाने की कोशिश करते। अपने इलाके से होकर-गुजरने वाले साधुओं के जत्थों को वह बड़े आत्मीय भाव से देखते। साधुओं से मिलना, उनसे बातचीत करना उन्हें बड़ा अच्छा लगता।

उन्हें याद हो आता कि कैसे वह महिलाओं के साथ देवी-दर्शन करने के लिए जाया करते थे। गाते इतना सुन्दर थे कि

बाकायदा उनसे गाने की फरमाइश की जाती। एक बार तो देवी की भक्ति में पूरे मन से गाते-गाते इतना डूब गए कि सब कुछ भूल ही गए। उन्हें फिर अपना कुछ होश ही न रहा।

गदाधर कम उम्र के बच्चों की तरह घबराते या डरते बिलकुल नहीं थे। बच्चे अक्सर भूत-प्रेत की बातों से सहम जाते हैं, किन्तु गदाधर बेझिझक किसी भी निर्जन स्थान की ओर निकल जाते।

देवी की सवारी

एक बार की बात है, मेदिनीपुर से गदाधर की एक बुआ कामारपुकुर आईं। अचानक उन्हीं दिनों उन्हें देवी की सवारी आ गई। सवारी आ गई तो उनका हाथ-पाँव फेंकते हुए अजीब ढंग से कुछ बोलना भी शुरू हो गया। ऐसे में आसपास मौजूद सभी लोग घबरा कर दूर से ही तमाशा देखते रह गए, लेकिन गदाधर बगैर डरे, अपनी बुआ के पास जा पहुँचे। उन्होंने उन्हें बड़े गौर से देखा और अपनी माँ के पास आ कर कहने लगे—अगर ऐसी देवी मुझ पर भी आ जातीं, तो कितना अच्छा होता!

उनकी इस तरह की बातों को सुन परिवार के लोग हँस देते। कहते हैं, एक बार गदाधर धान के खेतों के किनारे-किनारे मौज में घूमते चले जा रहे थे। उनके हाथ में खाने के लिए मुरमुरे थे। खाते-खाते उन्होंने देखा कि आसमान में अचानक बादल घुमड़ आए हैं। देखते-देखते सारा आसमान बादलों से अच्छादित हो गया। ठीक उसी समय एक झुंड में

उड़ते हुए कुछ सारस भी वहाँ चले आए। श्याम वर्ण मेघों के बीच उन सारसों को देख कर गदाधर विभोर हो गए। उन्हें उस दृश्य ने इतना सम्मोहित कर लिया कि वह फिर उसी के हो कर रह गए। यह भी ध्यान उन्हें न रहा कि घर पहुँचना है। कुछ देर बाद तो हालत ये हो गई कि गदाधर मन्त्रमुग्ध हो कर बेहोश हो गए। बस, फिर क्या था! वह खेत पर ही गिर पड़े। कुछ देर बाद गुजरते हुए राहगीरों ने उन्हें अचेत पड़ा देखा तो किसी तरह घर पहुँचा दिया।

यह उनके अचेत होने का पहला अवसर था। कहते हैं, वास्तव में वह प्रकृति में ईश्वर के दर्शन कर लेते थे। ईश्वरीय अनुभूति से ही वह इस अवस्था में आते थे। पिता का देहान्त क्या हो गया, उनका ध्यान परमेश्वर की ओर और अधिक तीव्रता से लगने लगा। सच पूछें तो इसका एक कारण उनकी पारिवारिक स्थिति को भी माना जा सकता है।

परिवर्तन का क्रम

पिता के निधन के अवसाद से बाहर निकलते हुए गदाधर नयी आत्मीयताओं की खोज में लग गए। ऐसे में उसके एक मित्र ने वह स्थान बड़े प्रेम से भरा। दोनों मित्र करीब-करीब पूरे दिन एक साथ रहते और घूमते-फिरते व ढेर सारी बातें करते रहते। इस समय तक गदाधर लगभग नौ बरस का हो चला था। उसके बड़े भाई के मन में विचार आया कि क्यों न अब गदाधर का यज्ञोपवीत करा दिया जाए!

गदाधर को जैसे ही यह पता लगा तो उसने साफ कह दिया कि इस विशेष अवसर पर जो भिक्षा ली जाती है, वह धानी से ही लेगा। धानी से गदाधर के लगाव का भी एक विशेष कारण था। वह चन्द्रमणि, अर्थात गदाधर की माँ की बहुत सगी सहेली थी। इसी स्त्री ने गदाधर के जन्म के समय चन्द्रमणि की देख-भाल की थी। वह एक लुहारन थी। उसे गदाधर से बेटे जैसा लगाव हो गया था। एक दिन बातों-बातों में उसने गदाधर से आग्रह किया था कि वह उपनयन के समय माँगी जाने वाली विशेष भिक्षा लेने सबसे पहले उसी के पास आए। अब, जब सचमुच उपनयन का समय आ पहुँचा तो गदाधर को धानी की कही वह बात याद हो आई।

बात तो याद हो आई, किन्तु उस समय समाज में जैसी ऊँच-नीच और स्पृश्य-अस्पृश्य की भावना चली आ रही थी, उसके चलते गदाधर का ऐसा करना परिवार के लिए बड़े संकोच का कारण बन रहा था। गदाधर के बड़े भाई ने जब उससे ऐसा न करने को कहा तो वह अचानक एक अत्यन्त समझदार व्यक्ति की तरह उठ खड़ा हुआ। उसने अपने तर्क से बड़े भाई का मुँह बन्द कर दिया। उसने उनसे साफ शब्दों में पूछा—"क्या सत्य का रास्ता छोड़ कर भी कोई इनसान यज्ञोपवीत का पावन धागा अर्थात जनेऊ पहन सकता है?"

गदाधर की बात का बड़े भाई भला क्या जवाब देते! उन्हें खामोश देख कर, फिर गदाधर ने वही किया, जो उसके मन में था। यज्ञोपवीत के अवसर पर उसने धानी लुहारन से ही भिक्षा ग्रहण की और उसे अपनी दूसरी माँ बनने का सम्मान

प्रदान किया। परिवर्तन का यह प्रारंभिक सिलसिला था, इसी दौरान गदाधर में एक बड़ा संत बनने के बीज फूटने लगे थे। गदाधर को उनके करीबी लोग प्रेम से गदाई भी कहने लगे।

नया जीवन

यज्ञोपवीत के बाद गदाधर प्रायः भगवान राम का ध्यान करते रहते। उन्हें हर पल बस यही लगता कि उनकी हर साँस में राम समाए हुए हैं, लेकिन वह कोरी भक्ति में लीन न रह कर अध्ययन एवं मनन को भी पूरी गम्भीरता से लेते थे। कभी-कभी तो वह रामचरित मानस व महाभारत आदि ग्रन्थों का सस्वर पाठ कर लोगों को सुनाने लगते। धीरे-धीरे तो स्थिति यह आ पहुँची कि आस-पास के इलाकों के श्रद्धालु लोग उनसे पौराणिक व धार्मिक कथाएँ भी सुनाने का आग्रह करने लगे। गदाधर को मनमर्जी का काम करने की छूट तो मिल ही गई थी। उनका मन भी खूब लगा रहता। सम्भवतः यही कारण रहा हो कि बड़े भाई राम कुमार ने फिर उन्हें अपने साथ कोलकाता ले आना ही ठीक समझा।

उनके बड़े भाई रामकुमार ने धीरे-धीरे अपने काम बहुत बढ़ा लिए थे। वह कोलकाता में झामापुकुर नाम के इलाके में अपना एक स्कूल तो चलाते ही थे, बहुतेरे लोगों के यहाँ पूजा-पाठ का काम भी रोजाना किया करते, किन्तु इससे होता यह था कि वह अपने स्कूल के काम-काज में पूरा समय ही न दे पाते, लेकिन आर्थिक तंगी के कारण कोई भी काम छोड़

देना उन्हें ठीक न लगता था। कुछ समय कोलकाता की आबोहवा समझ लेने की मोहलत देने के बाद रामकुमार ने गदाधर को समझाया कि अगर तुम्हारा ध्यान पढ़ाई-लिखाई में नहीं लग पा रहा है तो तुम मेरे काम-काज में ही थोड़ा हाथ बँटाना प्रारम्भ कर दो। असल में उनका मन यह था कि गदाधर उनके जजमानों के यहाँ का नियमित पूजा-पाठ का काम सँभाल ले ताकि वह स्कूल की ओर पूरा ध्यान दे सकें। उधर गदाधर पूजा-पाठ करते हुए अपनी पढ़ाई भी पूरी कर सकता था।

गदाधर ने भाई की बात मान ली। उसने पूजा-पाठ का सारा काम सँभाल लिया। गदाधर को इस काम में लगने से अब नए किस्म के अनुभव होने लगे। उसका स्वभाव तो था ही ऐसा कि वह जिससे मिलता उसे अपना बना लेता। इन परिवारों और आसपास के इलाकों में उसके नए-नए मित्र बनते चले गए। सब कुछ ठीक-ठीक होता रहा, लेकिन गदाधर का मन अपनी पढ़ाई में पूरी तरह से रमता ही नहीं था।

रामकुमार एक ओर अपने स्कूल की दयनीय होती जा रही स्थिति से दुखी थे, उस पर गदाधर की पढ़ाई के प्रति उदासीनता ने उनकी नींद ही उड़ा कर रख दी। वह गदाधर को अनेक प्रकार से समझाने की कोशिश करते, किन्तु वह तो बना ही किसी और मिट्टी का था। एक दिन जब रामकुमार ने उसे गम्भीतापूर्वक पढ़ाई का महत्व समझाने की चेष्टा की तो गदाधर भी संजीदा हो आया। उसने अपने भाई को सीधा-सा उत्तर दिया और सोचने पर विवश कर दिया। असल में

दक्षिणेश्वर में काली मन्दिर

उसका कहना था—"ऐसी पढ़ाई-लिखाई में मेरी कोई दिलचस्पी नहीं है जो मनुष्य को सिर्फ रोटी-रोजी का इन्तजाम करना सिखाए। मैं तो ऐसे ज्ञान की खोज करना चाहता हूँ जो आत्मा-परमात्मा के सहज दर्शन करा सके। परम सत्य की खोज ही मेरा उद्देश्य है। हाँ, फिलहाल मैं पूजा-पाठ का काम अवश्य करता रहूँगा।"

गदाधर का यह उत्तर ही उनके जीवन में आगे आने वाले मोड़ की सूचना लेकर आया था। यह मोड़ आया था कोलकाता के दक्षिणेश्वर मन्दिर से। किन्तु उससे पहले यह जानना आवश्यक है कि यह मन्दिर बना कैसे!

दक्षिणेश्वर मन्दिर का निर्माण

कोलकाता में था एक जन बाजार। इस इलाके में रामचन्द्र दास अपनी पत्नी रासमणि और चार बेटियों के साथ सुख से रहते थे। उनके पास अकूत सम्पत्ति थी। उन्हें लोग राजा ही कहा करते। उनकी पत्नी रासमणि भी रानी कहलातीं, किन्तु समय का फेर ऐसा हुआ कि रासमणि अभी पैंतालीसवें वर्ष में प्रवेश भी न कर पाई थीं कि उनके पति का देहान्त हो गया। पति के न रहने का आघात उनके लिए असह्य था, किन्तु उन्होंने पति की जागीर की देख-रेख अपने दामाद माथुर के सहयोग

रामकृष्ण परमहंस की मूर्ति

से खुद शुरू कर दी। असहाय व जरूरतमंद लोगों की वह जब-तब भरसक मदद करती रहतीं।

धर्मप्राण रासमणि ने एक बार तय किया कि वह वाराणसी की तीर्थ यात्रा करेंगी, किन्तु कहते हैं, यात्रा से पूर्व ही उन्हें एक रात काली माँ ने स्वप्न में कहा—"तुम कोलकाता में ही गंगा किनारे मेरी मूर्ति स्थापित कर एक मन्दिर का निर्माण कराओ।"

बस फिर क्या था, रासमणि की खुशी का कोई ठिकाना न रहा। रानी रासमणि ने कोलकाता से कुछ ही दूर गंगा-तट पर दक्षिणेश्वर में जमीन खरीद ली। यह जमीन इतनी थी कि उसमें अनेक भव्य मन्दिर और सुन्दर उद्यान बनाने के लिए पर्याप्त जगह निकल आई। माँ काली के रात्रि-दर्शन के पूरे सात बरस बाद, अर्थात 31 मई, सन् 1855 को उनकी मूर्ति प्रतिष्ठा का दिन नियत किया गया। इस कार्य के लिए गदाधर के भाई रामकुमार को दायित्व सौंपा गया। तय तिथि को एक भव्य आयोजन में यह प्रतिष्ठापना पूरी हो गई। इस दौरान उपस्थित विद्वानों, आचार्यों, पंडितों व संतों को रासमणि की ओर से सम्मान स्वरूप भव्य भेंट दी गई और रामकुमार को मन्दिर का मुख्य पुजारी नियुक्त कर दिया गया। भाई के इस नये और बड़े काम में गदाधर भी साथ ही रहने लगे, किन्तु उनका मन मन्दिर के नियमों-अनुशासनों से एकदम परे था। वह हरदम परमेश्वर के ध्यान में डूबे रहते। कुछ समय बाद जब गदाधर की बहन का बेटा हृदय भी वहाँ आकर काम में हाथ बंटाने लगा तो गदाधर कुछ सहज हो पाए। कई वर्ष

ऐसे ही निकल गए।

समय के साथ-साथ रामकुमार का शरीर साथ देने से इनकार करने लगा। एक दिन वह गम्भीर रूप से अस्वस्थ हो गए और फिर एक समय उन्होंने अन्तिम साँस ले ली। रामकुमार के देहान्त ने गदाधर को गहरी उदासी में धकेल दिया। वह अपने मन की शान्ति हेतु अधिकतर माँ काली के चरणों में बैठे रहते। उन्हें लगता जैसे आस-पास की सभी चीजें जीवंत हो उठी हों। यहाँ तक कि मूर्तियाँ भी। लेकिन इससे पहले के भी अनेक प्रसंग बड़े रोचक हैं।

भग्न मूर्ति का प्रसंग

गदाधर जीवन की घटनाओं को सामान्य मनुष्यों की तरह से नहीं देखते थे। कहते हैं, एक बार जन्माष्टमी समारोह की झांकियाँ सजाते समय किसी पुजारी से भगवान कृष्ण की एक मूर्ति असवाधानीवश टूट गई। मन्दिर में मूर्ति का टूटना बड़ा भारी अपशगुन माना गया। मन्दिर की सर्वेसर्वा रासमणि समझ नहीं पा रही थीं कि ऐसे में वे करें तो क्या करें!

जिससे भी इस बारे में परामर्श करतीं, वह उन्हें एक नई ही बात समझा देता। कोई कहता भग्न मूर्ति को मन्दिर में रखने पर भारी अनिष्ट हो सकता है, कोई कहता उसे तुरंत गंगा में विसर्जित कर देना चाहिए। कोई सलाह देता— इसकी जगह एक नई मूर्ति ले आओ। इस सन्दर्भ में गदाधर से परामर्श किया गया तो उन्होंने रासमणि को असमंजस में ही डाल दिया। उनका

शारदा देवी

कहना था—"अगर इस मूर्ति की भाँति रासमणि जी के दामाद माथुर महाशय की टांग टूट जाए, तो क्या उन्हें घर में न रखा जाएगा! क्या उनकी जगह कोई दूसरा व्यक्ति ले लेगा! क्या उन्हें भी गंगा में प्रवाहित कर दिया जाएगा!" अपने इस उत्तर में गदाधर ने फिर अन्त में यह भी पूछा कि क्या दामाद की टांग ठीक कराने के लिए किसी योग्य डॉक्टर को न दिखाया जाएगा?

यह सुन कर सब शान्त बने रहे तो गदाधर ने अन्तिम बात कहते हुए अपना सुझाव रख दिया— "मूर्ति की टाँग जोड़ दी जाए और उसे मन्दिर में ही रखा जाए।"

बस, इसके बाद देखते-देखते यह काम भी गदाधर ने स्वयं ही कर डाला। मूर्ति को देख कर कोई यह न कह सकता था कि वह कहीं से टूटी भी होगी। इस घटना के बाद गदाधर

को राधाकांत मन्दिर का पुजारी बना दिया गया, लेकिन रामकुमार की इच्छा तो कुछ और ही थी। वह उन्हें काली मन्दिर के पुजारी का कार्य भार सौंपना चाहते थे। इसके लिए गदाधर को शक्ति-उपासक की दीक्षा भी विधिवत प्रदान की गई।

रामकृष्ण की तन्मयता

कार्य भार सँभालने के बाद गदाधर पूरे रामकृष्ण ही बन गए। वह नियमित पूजा-पाठ करते-करते ऐसे ध्यानमग्न हो जाते कि सब कुछ विस्मृत कर जाते। उन्हें यह ध्यान ही न रहता कि वह आराधना करने वाले हैं या आराध्य देव! मूर्ति के सामने बैठे-बैठे पुष्प माला उसे पहनाने के बजाय स्वयं ही धारण कर लेते। रामकृष्ण आरती करना प्रारम्भ करते तो फिर देर तक उसी में रमे रहते। भगवान को प्रसाद चढ़ाते तो चढ़ाते ही रह जाते। कभी-कभी तो वह वहीं समाधि में चले जाते।

उनकी यह हालत देख कर बहुत से लोग यह समझने लगे कि कहीं वह विक्षिप्त तो नहीं हो गए। किन्तु रासमणि और उनके करीबी लोग यही मानते रहे कि मन्दिर के लिए उन जैसा समर्पित दूसरा व्यक्ति इस धरती पर कहीं भी मिलने से रहा। वह मन्दिर में उपस्थित होते तो जैसे वहाँ एक विशिष्ट आभा बनी रहती।

ब्रह्म पर चर्चा

कहते हैं, एक बार ईश्वर चन्द्र विद्यासागर के साथ ब्रह्म पर

रामकृष्ण की चर्चा होने लगी। एक तो ब्रह्म पर चर्चा, उस पर चर्चा करने वाले भी रामकृष्ण परमहंस व ईश्वरचन्द्र विद्यासागर जैसे प्रकांड विद्वान। दोनों ही अपने-अपने क्षेत्र में विशिष्ट ज्ञानी। बातों-बातों में विद्यासागर ने कहा— "सभी विषयों पर तो ज्ञानी लोग चर्चा कर लेते हैं, पर ब्रह्म पर कोई बात क्यों नहीं करता!"

परमहंस ने भोली मुस्कान में कहा— "वस्तुत: इंसान को लगता है कि वह ईश्वर को जान चुका है। वह कितना भी मनन व पठन-पाठन कर ले, ब्रह्म को कभी न जान सकेगा। और जान भी ले, तो उसे व्यक्त कर पाना तो उसके लिए कतई संभव नहीं।"

इस ब्रह्म चर्चा के बीच में ही फिर रामकृष्ण परमहंस ने एक कथा सुनाई—

एक दिन एक पिता ने अपने दोनों बेटों को एक आचार्य के पास ब्रह्म विद्या सीखने को भेजा। कई दिनों बाद जब वह दोनों घर लौट आए तो पिता ने एक दिन बड़े बेटे से पूछा— "बेटा, बताओ तो जरा ब्रह्म कैसा है?"

ब्रह्म की व्याख्या में बड़े बेटे ने अनेक मन्त्रों व श्लोकों का पाठ कर डाला। पिता खामोश सब सुनते रहे। फिर उन्होंने छोटे बेटे से यही प्रश्न किया। बेटा बार-बार कुछ कहने का प्रयास करता, किन्तु वह कह कुछ भी न पाता। अंत में हार कर उसने प्रयास करना भी बन्द कर दिया।

यह देख पिता खुश हो गए। बोले— "बेटा, लगता है तुम कुछ सीख कर आए हो। ब्रह्म क्या है, यह बोल कर बताया

ही नहीं जा सकता।''

ब्रह्म क्या है, यह रामकृष्ण अच्छी तरह से जानने लगे थे। बताते हैं, माँ काली का प्रसाद उन्हें कई बार मिला भी। वह जिस सत्य के दर्शन करना चाहते थे, इसका अवसर उन्हें अथक परिश्रम और लगन से ही मिल सका। वह अपने और माँ के मध्य ऐसा तार साधने में सफल रहे जो भक्त को अनंत सुखमय तन्मयता प्रदान करना है। यह अनुभव पारलौकिक अनुभव थे। इसीलिए रामकृष्ण परमहंस बन गए। वह एकचित्त हो कर परमेश्वर का ध्यान करना ही सबसे बड़ी भक्ति मानते थे। उन्हें बाहरी आडम्बरों से जरा भी लगाव नहीं था।

आडम्बर ही नहीं, भेद-भाव भी उन्हें बिलकुल पसन्द न थे। एक बार की बात है, वह यात्रा पर जा रहे थे। चलते-चलते उन्हें बड़े जोर की प्यास लग आई। किन्तु पानी का कहीं नामोनिशान तक न था। तभी थोड़ी दूर पर नज़र आया एक कुआं। वहाँ एक आदमी पानी खींच रहा था।

रामकृष्ण परमहंस ने उससे कहा— ''क्या तुम मुझे पानी पिला सकोगे?''

वह आदमी उन्हें देख कर दो कदम पीछे हट गया और बोला— ''आप तो ब्रह्मण मालूम पड़ते हैं। मैं नीच जाति का हूँ। मैं आपको पानी कैसे पिला सकता हूँ भला!''

रामकृष्ण परमहंस को एक तरकीब सूझ गई, बोले— ''शिव-शिव कहो। इससे तुम पवित्र हो जाओगे। तब तुम मुझे पानी पिला देना।''

उसने 'शिव-शिव' कहा और पानी पिलाकर रामकृष्ण

की प्यास बुझा दी। वास्तव में स्वामी रामकृष्ण परमहंस उसके भीतर बैठ गई आत्महीनता दूर कर देना चाहते थे।

परीक्षा की घड़ी

रामकृष्ण, परमहंस क्या बन गए, अनेक लोग उनके शत्रु भी हो गए। ऐसे ही एक बार किसी के उकसाने पर रामकृष्ण परमहंस की परीक्षा लेने की योजना बनाई गई। इसके लिए एक महिला को चुपचाप मन्दिर में प्रवेश करा दिया गया। सोचा तो यह गया था कि उसके मन्दिर-प्रवेश से रामकृष्ण परमहंस प्रभावित हो जाएँगे, किन्तु हुआ एकदम विपरीत। रामकृष्ण तो क्या प्रभावित होते, वह महिला ही उनकी भक्त बन गई।

जो व्यक्ति परमहंस हो जाए, उसकी परीक्षा लेने वाले

रामकृष्ण जन्म स्थान

ही हास्य के पात्र बन जाते हैं। रामकृष्ण की स्थिति तो यह थी कि वह ईश्वर के जिस रूप की भक्ति में लीन होते, उसके प्रति पूर्णतः समर्पित हो जाते। कहीं सखा भाव से तो कहीं सेवक भाव से। कहीं शिशु के रूप में तो कहीं प्रेमी के रूप में। उनके और आराध्य के मध्य फिर कोई दूसरा आ ही न पाता।

जो उनकी परीक्षा लेना चाहता या उन्हें संदेह की दृष्टि से देखता, वह बाद में स्वयं ही लज्जित हो जाता। ईश्वर के समर्पित और सच्चे भक्त के रूप में ही उसे फिर रामकृष्ण परमहंस की पहचान करनी पड़ती। उनकी साधना की अवस्था में कभी-कभार ऐसा भी हुआ कि साथ के लोगों को लगने लगा कि रामकृष्ण अस्वस्थ हो चले हैं। यह समाचार धीरे-धीरे उनकी माँ तक भी जा पहुँचा। चन्द्रमणि को यह जान कर बड़ा दुख हुआ। उन्होंने किसी भी तरह रामकृष्ण को अपने पास गाँव बुलवा लिया। गाँव तो चले आए रामकृष्ण परमहंस, पर गदाधर की तरह गाँव की स्मृतियाँ न संजोए रह सके। उनके भीतर तो हर समय एक ही भाव बना रहता कि माँ काली उन्हें अपने शिशु की तरह प्रेम कर रही हैं।

गाँव आ कर उन्होंने श्मशान में ही साधना प्रारम्भ कर दी। उनके व्यवहार में प्रवेश कर गई विचित्रताओं से परिवार के लोगों का चिंतित हो जाना स्वाभाविक ही था। उन्हें एक सहज सामाजिक व्यक्ति बनाने के लिए परिवार के लोगों को उस समय एक ही उपाय समझ में आ रहा था, और वह यह था कि उनका विवाह करा दिया जाए। बहुत प्रयासों के बाद

भी जब इस काम में सफलता हाथ न लगी तो अन्ततः स्वयं रामकृष्ण परमहंस ने परिवार के लोगों को संकेत किया कि किस कन्या से उनका रिश्ता तय किया जा सकता है!

इस समय रामकृष्ण परमहंस की आयु सत्ताइस वर्ष के आसपास थी और जिस कन्या से उनका विवाह कराया गया, वह केवल पाँच-छह वर्ष की थी। यह एक अनमेल विवाह था, किन्तु रामकृष्ण के तो मन में कुछ और ही था। जिस कन्या शारदामणि से उनका विवाह हुआ, उसे वह एक बार अपने घर भी ले कर आए, किन्तु जिस प्रयोजन से यह विवाह कराया गया था, वह पूरी तरह विफल हो गया। यह सन् 1859 के मई माह का प्रसंग है।

कुछ ही समय बाद रामकृष्ण परमहंस को दक्षिणेश्वर की याद सताने लगी। वह अब गाँव में और न ठहर सके और माँ काली के पास दक्षिणेश्वर वापस चले गए। सच बात तो यह थी कि उनका जीवन तो माँ की साधना के लिए ही बना था।

पंचवटी का वन

रामकृष्ण परमहंस रात के समय प्रायः पंचवटी के वन की ओर प्रस्थान कर जाते। यह एक ऐसी जगह थी, जहाँ कोई भी भय के कारण न जाता था। मान्यता यह थी कि उस स्थान पर भूत-प्रेतों का वास है। इसी वन में एक आँवले का पेड़ था। रामकृष्ण इसके नीचे ही ध्यान करने बैठ जाते। हृदय रोज़

उन्हें वन की ओर जाता हुआ देखता तो बड़ा हैरान होता। एक दिन वह रामकृष्ण परमहंस के पीछे ही हो लिया। देखता क्या है कि वन में पहुँच वह आँवले के पेड़ के नीचे बैठ गए। वह ध्यान करने बैठ गए तो हृदय ने सोचा, जरा देखूँ तो सही इन पर बाहरी चीजों का असर होता भी है या नहीं! वह दूर से ही उनकी ओर पत्थर फेंकने लगा, लेकिन रामकृष्ण तो पूरे परमहंस निकले। उन पर इस हरकत का कोई असर ही नहीं हुआ।

उस रात तो हृदय लौट आया, किन्तु अगले दिन उसने रामकृष्ण परमहंस से पूछ लिया, "वन में जाकर तुम क्या करते हो?"

"आँवले के एक पेड़ के नीचे बैठ कर ध्यान और जप करता हूँ। इससे मनचाहा फल मिलता है।" रामकृष्ण परमहंस ने उत्तर दिया। बताते हैं, एक दिन उन्हें लगा कि उनके भीतर ज्ञान की ज्योति जगमगा उठी है। वह यह अनुभव कर इतने हर्षित हुए कि इसके बाद मूर्छित ही हो गए।

इस घटना के बाद रामकृष्ण परमहंस माँ काली के चिंतन में ही डूबे रहने लगे। यह भक्तिभाव इतना गहरा हो गया कि वह माँ काली को अपने लिए अनन्य मानने लगे। प्रसाद चढ़ाते समय चाहते कि माँ उनके हाथ से प्रसाद ग्रहण कर लें। वह अपने हाथ को माँ की मूर्ति के मुँह के पास ले जाते और माँ से खाने का आग्रह करने लगते। जब माँ का मुँह न खुलता, तो कहते— "क्या कहा, पहले मैं खा लूं! तो लो, मैं ही पहले खा लेता हूँ!" अपने खाने के बाद फिर माँ को खिलाने की

कोशिश में लग जाते।

उन्हें कण-कण में माँ के ही दर्शन होने लगे थे। वह भावविभोर हो कर बच्चों की तरह माँ की मूर्ति के सामने आँसू बहा-बहा कर रोने लगते। वह जैसा भाव माँ के प्रति स्वयं रखते, वैसा ही अन्य भक्तों से भी चाहते।

रासमणि को चाँटा

एक दिन की बात है, रासमणि ने मन्दिर पहुँच कर रामकृष्ण परमहंस से माँ काली के सम्मान में भजन-गायन का आग्रह किया। रामकृष्ण इस पर बड़े खुश हो गए। उन्होंने पूरे मन और भक्ति-भाव से गाना प्रारम्भ कर दिया। वह तो गाए जा रहे थे किन्तु रासमणि भजन सुनते-सुनते ध्यान से भटक गईं। जाने क्या हुआ कि वह उस समय अपने एक मुकदमे के बारे में सोचने लगीं। बस, फिर क्या था! जैसे उनकी इस हरकत से रामकृष्ण परमहंस का ध्यान भी भंग हो गया। इससे उन्हें रासमणि पर बड़ा क्रोध आ गया। आव देखा न ताव, उन्होंने रासमणि के गाल पर एक जोरदार चाँटा जड़ दिया और कहा—"यह बहुत अशोभनीय है कि माँ काली के भजन के समय भी तुम्हें अपने मुकदमे की ही पड़ी हुई है।"

रासमणि के सेवकों को रामकृष्ण परमहंस का यह व्यवहार देख कर बड़ा बुरा लगा। वे आवेश में आ गए। वे रामकृष्ण परमहंस को सबक सिखा कर ही मानते, अगर रासमणि ने स्वयं उन्हें ऐसा करने से रोक न दिया होता। वास्तव में रासमणि

इस घटना के बाद यह समझ चुकी थीं कि रामकृष्ण परमहंस के माध्यम से स्वयं माँ काली ने उन्हें दंडित किया है।

भैरवी के दर्शन

कुछ दिन बाद की बात है। रामकृष्ण परमहंस को दक्षिणेश्वर के परिसर में एक महिला दिखाई दी। उस महिला में रामकृष्ण को अद्वितीय आकर्षण नज़र आया। यह भैरवी थी। भैरवी काली माँ की उपासिका थी। उसे देखते ही रामकृष्ण परमहंस शिशुवत हो गए। उन्होंने बाल-भाव से ही उसे यह बताया कि उनकी भक्ति को लोग विक्षिप्तता मान कर उपहास करते हैं। उनकी यह बात सुन कर भैरवी ने उन्हें सांत्वना देते हुए कहा—"तुम्हारी भक्ति में मुझे राधा और चैतन्य जैसी स्थिति प्रतीत होती है।"

जयरामबटी में शारदा देवी मन्दिर

जाने क्या ज़ादू था भैरवी के इन शब्दों में कि रामकृष्ण और उसमें वात्सल्य की लहरें जोर मारने लगीं। भैरवी के मुख से अचानक निकला, "कब से तुम्हें ढूँढ रही थी मैं! अब जाकर मिल पाए!"

"माँ, तुम्हारा यह पुत्र भी आज कृतार्थ हो गया!" रामकृष्ण परमहंस ने उत्तर दिया और वह भैरवी के गले लग गए। वह भैरवी में अपनी आध्यात्मिक माँ एवं गुरु के दर्शन कर रहे थे। इससे पूर्व तो उनकी स्थिति इतनी विचित्र हो गई थी कि एक दिन उन्होंने अपना जनेऊ ही उतार कर रख दिया था। वह भेदभाव से एकदम परे हो गए थे। उनके लिए न कोई छोटा था न बड़ा। खाना खाते समय अगर कोई आवारा कुत्ता भी पास आ जाए, तो वह उसी के साथ बैठ कर खाने लगते। उनके बाल बढ़ते-बढ़ते बहुत लम्बे हो गए थे। उनमें अक्षत अर्थात् चावल गिर जाता तो पक्षी सहज भाव से वहीं से चुग लेते। वह कभी-कभी एकदम संज्ञा शून्य हो जाते। किन्तु भैरवी के आने के बाद उनका बहुत कुछ बदल गया।

भैरवी उन्हें अपना कृष्ण और वह उसे अपनी माँ समझने लगे। रामकृष्ण परमहंस उनके समक्ष तरह-तरह की जिज्ञासाएँ सामने रखते। भैरवी उन सब का उत्तर देती। वह रामकृष्ण परमहंस की दिव्य अनुभूतियों के सच्चे अर्थ प्रस्तुत करती। उसे देख कर रामकृष्ण परमहंस मोहित हो जाते और उससे नई-नई चीजें सिखाने का आग्रह करने लगते। भैरवी ने ही उन्हें चौंसठ तंत्रों का ज्ञान दिया। वास्तव में उसके मन में रामकृष्ण परमहंस के लिए परम भाव पैदा हो चुका था।

ऐसा ही भाव रामकृष्ण के प्रति उनके भक्तों का था। एक बार उनके एक भक्त ने उनसे पूछा— "जब सब कुछ ईश्वर की मर्जी से ही होना है, तो फिर इनसान हर समय भला-बुरा, पाप-पुण्य आदि क्यों सोचने में लगा रहता है?"

रामकृष्ण कुछ देर तो शान्त रहे, फिर बोले— "ये समस्त संसार उसी परमेश्वर की रचना है। भला-बुरा, सब उसी का रचा हुआ है। जरा सोचो, अगर इस धरती पर बुरा होता ही नहीं, तो अच्छे या भले की परख कैसे हो पाती! अँधेरा होने पर ही तो उजाले की पहचान हो पाती है!" भक्त उनके उत्तर से सन्तुष्ट हो गया।

उनके कुछ गृहस्थ भक्त इस बात से बड़े परेशान रहते थे कि ईश्वर की पूजा में गृहस्थ जीवन बाधा डालता रहता है। लगता है, ये दोनों साथ-साथ नहीं चल सकते। एक दिन उन्होंने अपनी यह समस्या रामकृष्ण परमहंस के सम्मुख भी रख दी।

रामकृष्ण ने उन्हें समझाया— "देखो, यह सोचना ठीक नहीं है कि गृहस्थ जीवन के साथ ईश्वर की भक्ति सम्भव नहीं है। पहले तुम अपने उस जीवन के कार्य कर लो, फिर एक समय निश्चित कर उसमें ईश्वर का पूजन या ध्यान करो, लेकिन उस समय मन में फिर कुछ और न चल रहा हो। ठीक वैसे ही जैसे अपने रोज़मर्रा के किसी काम को करते हुए भी हम चाहते हैं कि उनके बीच व्यवधान न आएँ। एकाग्रता तो इनसान के लिए हर जगह ज़रूरी है।

मन में हैं भगवान

एक दिन हुआ यह कि दक्षिणेश्वर की पंचवटी से प्रसाद बना कर भैरवी ने भगवान राम को भोग लगाया। उसी समय संयोग से रामकृष्ण परमहंस भी वहाँ आ पहुँचे। भैरवी नेत्र बन्द किए भगवान से प्रसाद ग्रहण करने की प्रार्थना कर रही थी, उसी समय दिव्य भाव में भरे रामकृष्ण परमहंस ने सारा प्रसाद खा लिया। कुछ देर बाद जब भैरवी और रामकृष्ण परमहंस सहज हुए तो रामकृष्ण को संकोच होने लगा। भैरवी उन्हें संकोच में देख कर बोली– "प्रसाद तो तुम्हारे भीतर, मन में बैठे भगवान ने ही ग्रहण किया है। तुम नाहक संकोच कर रहे हो। लाओ, तुम्हारा छोड़ा शेष प्रसाद अब में ले लूँ।"

भैरवी को लगा कि अब आराधना के लिए बाह्यडंबर की कोई आवश्यकता नहीं। उसने बचा हुआ प्रसाद, स्वयं खा लिया और मूर्ति गंगा में विसर्जित कर दी। भैरवी के भक्ति-भाव ने एक दिन रामकृष्ण परमहंस को परमेश्वर का अवतार ही घोषित कर दिया। उन्हें अपने इस बेटे में अद्वितीय ईश्वरीय गुणों की झलक मिल रही थी, किन्तु वास्तविकता यह थी कि स्वयं रामकृष्ण परमहंस भैरवी से पूछ रहे थे कि क्या वह सच में भगवान हैं! यह संभव कैसे है! यही वह क्षण था जब संतों, विद्वानों और अध्येताओं ने उन्हें परमहंस घोषित कर दिया।

जब-जब शास्त्रार्थ, संवाद या विमर्श की नौबत आती, रामकृष्ण परमहंस सर्वोच्च साबित होते। उनका मन दक्षिणेश्वर में ही रमा देख उनकी माँ चन्द्रमणि एक दिन वहीं आ पहुँचीं। इसके बाद वह अन्तिम साँस तक वहीं बनी रहीं।

तोतापुरी से भेंट

तोतापुरी नाम के एक घुमक्कड़ नागा संत थे। इनकी विशेषता यह थी कि चार दशकों से साधना करते आ रहे यह संत कभी किसी निवास में न रहते थे। एक दिन घूमते-घूमते तोतापुरी दक्षिणेश्वर के मन्दिर भी आ पहुँचे। वहाँ वह देखते क्या हैं कि रामकृष्ण परमहंस एक जगह ध्यानमग्न बैठे हुए हैं। उन्हें लगा यह भक्त निश्चित रूप से सुपात्र है। उन्होंने रामकृष्ण से पूछा— ''क्या तू अद्वैत साधना करना चाहता है?''

''यह मैं क्या कहूँ! माँ की इच्छा पर ही सब कुछ निर्भर है।'' रामकृष्ण ने सहज भाव से उत्तर दे दिया और भीतर चले गए। कुछ देर बाद बाहर आए तो तोतापुरी से बोले— ''आप मुझे अद्वैत साधना का ही ज्ञान देने आए हैं। माँ ने ऐसा कहा।''

रामकृष्ण परमहंस नृत्य करते हुए

इसके बाद तोतापुरी ने उन्हें अद्वैत साधना की दीक्षा प्रदान की। वह रामकृष्ण की प्रत्येक जिज्ञासा का धैर्यपूर्वक उत्तर देते। उनकी कुछ क्रियाएँ प्रतिदिन होती थीं। एक दिन रामकृष्ण ने उनसे पूछा— "गुरु जी, ये क्रियाएँ आप हर रोज क्यों करते हैं?"

तोतापुरी का उत्तर बड़ा सहज था— "यदि हम हर रोज अपने मस्तिष्क-कलश को न माँजें तो यह गंदा हो जाएगा। इसे साफ-सुथरा और परमेश्वर के ध्यान में लगाए रखने के लिए साधना भी हर रोज होनी चाहिए।"

रामकृष्ण परमहंस के साथ रह कर तोतापुरी जी के स्वभाव में भी परिवर्तन आ गया। वह गुरु हो कर भी शिष्य के भक्ति भाव से ऐसे प्रभावित हुए कि भक्ति तत्व को स्वीकार करने लगे। कुछ समय रामकृष्ण परमहंस के पास रहने के बाद तोतापुरी अपने स्वभाव के अनुसार दूसरे स्थान को चले गए।

मंजिल एक, रास्ते अनेक

रामकृष्ण परमहंस का जीवन आज हमें यह शिक्षा भी देता है कि सभी धर्मों की मंजिल एक ही है, भले ही उनके मार्ग अलग-अलग क्यों न हों! रामकृष्ण ने यह सच अपने जीवन में प्रयोग कर के ही हासिल किया। वह एक बार इस्लाम के एक विद्वान से मिले। उन्हें लगा कि इस धर्म को भी समझना चाहिए। उन्होंने पूरे मन से इस्लाम को समझने की कोशिश में अपना आचरण तक बदल लिया। अन्त में वह इसी परिणाम

में पहुँचे कि सभी धर्म एक ही गंतव्य तक ले जाते हैं।

धर्म के मर्म को सहज भाव से समझते हुए रामकृष्ण परमहंस को ऐसी अद्वितीय शक्ति भी प्राप्त हो चली थी कि वे अपने स्पर्श मात्र से भेंटकर्ता को पूरी तरह से तृप्त कर देते। उसके अशान्त मन को शान्त करने के लिए उन्हें कोई प्रयास विशेष न करना पड़ता। उनकी एक दृष्टि भर उसके लिए पर्याप्त रहती।

सबसे बड़ी बात तो यह थी कि भौतिक चीजों के प्रति उनमें जरा भी आकर्षण न था। वह कई-कई दिनों तक भोजन न करते। समाधि में लीन हो जाते। पर इससे उनके शरीर पर कोई प्रभाव न पड़ता। सबसे जरूरी बात यह कि वह अपनी किसी सफलता की जरा भी चर्चा करना पसन्द न करते। उनकी लौ बस इसी बात में लगी रहती कि इस चराचर को संचालित करने वाले परमेश्वर से अपना सीधा सम्बन्ध कैसे बने!

शारदा देवी की दीक्षा

एक बार रामकृष्ण अपने गाँव फिर चले गए तो गाँव वालों में खुशी की लहर दौड़ गई। वहाँ मायके से ससुराल आ गई उनकी पत्नी शारदा भी हरदम उनकी सेवा में तत्पर रहतीं। अब तक वह युवा हो चली थीं। रामकृष्ण ने उन्हें भी भगवत्-भजन और ध्यान करने को कहा। वह भी शान्त मन से रामकृष्ण परमहंस के बताए मार्ग पर चलने लगीं। फिर एक दिन ऐसा भी आ पहुँचा। जब शारदा देवी को रामकृष्ण परमहंस ने दीक्षा

दे दी। उन पर रामकृष्ण की शिक्षाओं का ऐसा असर हुआ कि उनकी पूरी धारणा उन जैसी ही हो गई। कुछ समय बाद रामकृष्ण परमहंस फिर कोलकाता लौट आए, किन्तु शारदा देवी जयरामबटी लौट गईं। सन् 1872 में शारदा देवी कोलकाता गईं और रामकृष्ण से मिलीं।

एक बार की बात है, एक भक्त ने रामकृष्ण परमहंस को पूरे दस हजार रुपये भेंट करने चाहे। उस समय यह रकम बहुत ज्यादा मानी जाती थी, किन्तु रामकृष्ण ने यह भेंट स्वीकार करने से साफ इनकार कर दिया। वह भक्त भी डटा ही रहा कि यह भेंट तो आपको स्वीकार ही करनी होगी। इस पर रामकृष्ण ने पीछा छुड़ाने वाले अन्दाज में कहा, "सारदा, (वह शारदा को 'सारदा' ही कहा करते थे) ये मुझे इतनी बड़ी भेंट देना चाहते हैं। मैंने मना कर दिया, तो अब यह कहते हैं कि इसे सारदा जी स्वीकार कर लें।"

शारदा ने यह सुना तो तुरत बोल पड़ीं— "मैं इसे स्वीकार कर लूँगी, तो इस कर्म में आप भी तो भगीदार रहेंगे। मैं तो आपकी पत्नी हूँ! मैं यह भेंट कभी स्वीकार न करूँगी।"

शारदा देवी ने उस भक्त को बड़ी मुश्किल से किसी तरह विदा किया। रामकृष्ण यह देखकर प्रफुल्लित हो गए। उनके मुँह से निकला—"आनन्दमयी माँ!" इस दिन के बाद फिर वह माँ ही हो गईं। हर किसी की माँ। रासमणि के दामाद माथुर सहित सभी लोग फिर उन्हें 'माँ' कहने लगे। शारदा माँ भी समझ रही थीं कि रामकृष्ण परमहंस यही चाहते हैं। इसके बाद उन्होंने अपने पूर्व-भाव को विसर्जित ही कर दिया।

यात्राओं का क्रम और कोलकाता

रासमणि के दामाद यात्राओं पर जाने लगे तो उन्होंने साथ में रामकृष्ण से भी चलने का आग्रह किया। देवघर, वाराणसी, प्रयाग, वृंदावन की यात्रा करते हुए दक्षिणेश्वर लौटने में उन्हें काफी समय लग गया। यह सन् 1868 की बात है। इसके दो वर्ष बाद रामकृष्ण चैतन्य महप्रभु के जन्म स्थान नदिया भी हो कर आए। पश्चिम बंगाल के इस गाँव को नवद्वीप भी कहा जाता था।

यह वह समय था जब देश का एक प्रमुख शहर होने के कारण कोलकाता में अनेक आंदोलन चल रहे थे। राजनैतिक हलचलों के अतिरिक्त कोलकाता में समाज–सुधार के अनेक आंदोलनों का भी बड़ा जोर बना हुआ था।

राजा राम मोहन राय के बाद भी ब्रह्मसमाज के नेता मूर्ति–पूजा का विरोध करने में लगे हुए थे। स्वयं रामकृष्ण परमहंस के अनेक अनुयायी ब्रह्मसमाज में आस्था रखते थे। रामकृष्ण इन्हीं दिनों इस समाज के दो नेताओं देवेंद्रनाथ ठाकुर और केशव चन्द्र सेन से मिले। उनकी भेंट आर्य समाज के संस्थापक दयानंद सरस्वती, महान रचनाकारों बंकिम चन्द्र चटर्जी एवं माइकेल मधुसूदन दत्त से भी हुई। केशवचन्द्र सेन तो इतने प्रभावित हुए कि उन्होंने स्वामी रामकृष्ण परमहंस के विचारों को अपने अनेक लेखों के माध्यम से प्रसारित किया। बंगला रंगकर्मी गिरीश घोष और महेंद्रनाथ गुप्त भी रामकृष्ण परमहंस के शिष्य बन गए थे।

एक शिष्य का प्रश्न

रामकृष्ण परमहंस के प्रायः सभी शिष्य उनके सम्मुख अपनी जिज्ञासाएँ रखते रहते थे। एक दिन एक शिष्य ने पूछा, "गुरु जी, मनुष्य में जैसा आकर्षण सांसारिक चीजों के प्रति बना रहता है, वैसा ही आकर्षण उसमें ईश्वर के लिए क्यों नहीं होता?"

"यह उसकी अज्ञानता के कारण होता है। सांसारिक वस्तुएँ और मोह उसे हर समय भ्रमित करते रहते हैं।" उसे उत्तर मिला।

शिष्य ने फिर प्रश्न किया— "इनसे इनसान को छुटकारा कैसे मिल सकता है?"

रामकृष्ण परमहंस ने उत्तर दिया— "सांसारिक वस्तुएँ भोग हैं। जब तक भोग रहेगा, तब तक ईश्वर से लगाव की लगन जागेगी ही नहीं। जब मनुष्य सांसारिक वस्तुओं के भोग

रामकृष्ण परमहंस और विवेकानंद

से अघा जाएगा, तभी उसमें वह आकुलता जन्म लेगी जो उसे ईश्वर से जोड़ने का काम करती है। समझ लो कि मनुष्य उस बच्चे की भाँति है जिसे खिलौनों से खेलते वक्त अपनी माँ की याद नहीं आती, किन्तु खेल से मन भरते ही वह माँ की ओर दौड़ पड़ता है।''

रामकृष्ण परमहंस प्रकृति में जो कुछ देखते, उससे भी कुछ विचार के बिन्दु खींच लाते। एक दिन उन्होंने आसमान में उड़ान भरते एक पक्षी को देखा तो बड़े प्रसन्न हो गए। एक शिष्य उनके पास ही खड़ा था। वह उससे बोले—''पहले यह अपने घोंसले में रहता था। अब जब घोंसला न रहा तो कैसा खुशी-खुशी उड़ान भर रहा है! घोंसला न रहना भी इसके लिए अच्छा ही हुआ।''

''सो कैसे?'' शिष्य ने पूछ लिया।

रामकृष्ण बोले—''पहले यह घोंसले तक ही सीमित था। किन्तु अब मुक्त हो कर खुले आकाश में विचरण कर रहा है। मनुष्य के साथ भी यही होता है। जब तक उसमें से देह और दुनिया का मोह समाप्त नहीं होता, वह बन्धन में जकड़ा रहता है। बन्धन मुक्त होते ही उसे अपना आकाश और बड़ा कर लेने, अर्थात् प्रभु से नाता जोड़ने की लगन लगने लगती है।''

रामकृष्ण के प्रमुख शिष्यों में राखाल चन्द्र घोष, तारकनाथ घोष, शरतचन्द्र चक्रवर्ती और नरेंद्र नाथ शामिल थे। इनमें भी नरेन्द्र रामकृष्ण को सर्वाधिक प्रिय थे। नरेन्द्र प्रारम्भ में ब्रह्मसमाज से प्रभावित थे, किन्तु बाद में वह धार्मिक प्रेरणा के प्रभाव में आ कर विभिन्न धर्म ग्रन्थों के अध्ययन में गहराई से जुट

गए। उनके एक अध्यापक हेस्टी साहब ने एक दिन उन्हें बातों-बातों में रामकृष्ण परमहंस के बारे में बताया। नरेन्द्र के पिता तो पहले ही उनसे कह चुके थे कि उन्हें रामकृष्ण जी से मिलना चाहिए। संयोग ऐसा बना कि सन् 1880 के ग्यारहवें महीने में एक दिन नरेन्द्र अपने एक मित्र सुरेन्द्रनाथ मित्र के घर गए हुए थे। वहीं उन्हें रामकृष्ण परमहंस के दर्शन हो गए।

कुछ दिनों बाद नरेन्द्र जब दक्षिणेश्वर गए तो ऐसा सम्बन्ध बना कि वही रामकृष्ण के पट्ट शिष्य बन गए। एक दिन हुआ यह कि रामकृष्ण ने नरेन्द्र से एक गीत सुनाने को कहा। नरेन्द्र ने गाया तो ऐसा कि रामकृष्ण भावातिरेक में रोने ही लगे। उन्होंने कहा—"वादा कर, कि तू शीघ्र ही मुझसे फिर आ कर मिलेगा।"

नरेन्द्र जब दोबारा उनसे जा कर मिले तो उन्होंने अद्वैत ग्रन्थों को पढ़ने का आग्रह किया। उनके अनुसार यही एक ऐसा मत था जिससे विश्व को एक नई राह दिखाई जा सकती थी। ऐसी राह जहाँ एकता, प्रेम और शान्ति का सन्देश हो। बस, इसके बाद नरेन्द्र अपने गुरु के बताए मार्ग पर चल दिए। वही नरेन्द्र बाद में विवेकानंद के नाम से विश्व भर में जाने गए।

जिज्ञासु नरेन्द्र व अन्य शिष्य

नरेन्द्र को लगा कि जब मोक्ष ही अन्तिम सत्य है, तो उसे पाना ही होगा। वह रह-रह कर रामकृष्ण परमहंस से मोक्ष प्राप्ति के सन्दर्भ में प्रश्न करने लगे। रामकृष्ण चाहते थे कि नरेन्द्र

कुछ समय इस प्रश्न से दूर ही रहे, किन्तु जब फिर-फिर नरेन्द्र ने रामकृष्ण से यही प्रश्न करना जारी रखा, तो एक दिन रामकृष्ण को क्रोध आ गया—"एक ही प्रश्न बार-बार करते तुम्हें लज्जा नहीं आती! स्वयं को तुम सामान्य न समझो। क्यों हर समय अपनी मुक्ति को ले कर अशान्त बने रहते हो! तुम आगे चल कर एक ऐसे घने वृक्ष बनोगे जो बहुतों को छाया देने का काम करेगा। स्वयं को पहचानो। तुम यहाँ अनेक विशेष कार्य संपन्न करने के लिए आए हो, इसलिए इन दायित्वों से भागो मत।" नरेन्द्र इसके बाद फिर यह प्रश्न करने का साहस न कर सके। किन्तु गुरु ने उनमें यह आत्मविश्वास जगा दिया कि वह अपने प्रखर विवेक और ज्ञान के बल पर समूचे विश्व में प्रसिद्ध हो गए।

रामकृष्ण अपने सभी शिष्यों-आत्मीयों को बातों-बातों में बड़ी सीख भी दे दिया करते थे। जब-जब रामकृष्ण अस्वस्थ हो जाते, महेंद्र लाल सरकार उनकी चिकित्सा कर जाते। वह उनके प्रति बड़े सम्मान का भाव रखते थे।

एक दिन रामकृष्ण परमहंस ने महेंद्र लाल से पूछा—"तुम इतने बड़े विद्वान और कुशल डॉक्टर हो, तुम्हें कभी अभिमान नहीं होता?"

महेंद्र लाल ने बड़ी सहजता से कहा— "मुझे तो ऐसा लगता है कि मैं अनेक विषयों में अज्ञानी ही हूँ। मुझे अभी इस जीवन में बहुत कुछ जानना शेष है...।"

रामकृष्ण परमहंस यह सुन कर बड़े खुश हो गए, बोले—"ठीक कहते हो, मुझे खुद ऐसा ही लगता है। दो-चार विषयों

की जानकारी को ही ज्ञान मान लिया जाता है। ऐसा तुच्छ ज्ञान ही मनुष्य में अभिमान पैदा करता है।''

संवाद को आगे बढ़ाते हुए महेंद्र लाल सरकार ने कहा— ''मुझे तो ऐसा लगने लगा है कि मैं इस सृष्टि की हर वस्तु और व्यक्ति से कुछ न कुछ अवश्य सीख सकता हूँ। हर एक वस्तु में ज्ञान समाया हुआ है।''

रामकृष्ण को जैसे मनचाही बात सुनने को मिल गई थी। वह महेंद्र लाल सरकार से कहने लगे—''जितने दिनों तक जीवित रहूँ, उतने दिनों तक बस सीखता ही रहूँ।''

रामकृष्ण परमहंस का व्यक्तित्व ही ऐसा था कि प्रत्येक मिलने वाला उनसे खुल जाता और अपने प्रश्नों के समाधान भी उनसे पा लेता। उनसे मिलने साधारण, विशेष व अतिविशेष, करीब-करीब हर वर्ग के लोग हर रोज़ ही बड़ी तादाद में आते रहते।

एक दिन एक बहुत धनवान व्यक्ति रामकृष्ण के दर्शन करने के लिए आया। उसने अपनी परेशानी उन्हें बताते हुए कहा, ''क्या करूँ, मेरे घर में हरदम कोई न कोई व्यक्ति बीमार ही पड़ा रहता है!''

रामकृष्ण परमहंस ने उसे सुझाव दिया— ''तुम बस निष्काम कर्म करो। इससे तुम्हें अवश्य लाभ होगा।''

धनवान बोला, ''मैं तो इस कदर व्यस्त रहता हूँ कि मुझे मन्दिर जाने तक को भी समय नहीं मिल पाता।''

''तुम बस अच्छे काम करो और परमेश्वर को समर्पित कर दो। धन अर्जित करने में दोष नहीं है, वह तो उसके बेजा

उपयोग में है।'' रामकृष्ण ने धनवान व्यक्ति को प्यार से समझाया।

''सो किस तरह गुरु जी?''

''तुम पैसे को अपनी तिजोरी में रखते जाते हो न, इससे उसका आगे का मार्ग बन्द हो जाता है। इस दुनिया में जो चीज चलना बन्द कर दे, उसका विकास अवरुद्ध हो जाता है। जिसके पास जो चीज हो, ज्ञान हो, धर्म हो... चाहे जो हो, उसे बाँटते जाओ। तुम्हारा धन अर्जित करना सही है, लेकिन उसे सहेज कर रख लेना एकदम सही नहीं है। तुम उसका सदुपयोग न करोगे, तो वह किसी न किसी तरीके से स्वतः निकलता ही रहेगा।''

धनवान व्यक्ति रामकृष्ण परमहंस की बात का मर्म

रामकृष्ण मिशन का शारदा विद्यापीठ

अच्छी तरह से समझ गया।

विवेकानंद के प्रश्न, रामकृष्ण के उत्तर

कई बार ऐसा होता कि विवेकानंद रामकृष्ण परमहंस से सीधे और संक्षिप्त प्रश्न कर उनका समाधान चाहते। ऐसे में परमहंस उसी शैली में उन्हें उत्तर दे कर सन्तुष्ट कर देते। ऐसे ही एक संवाद के दौरान विवेकानंद ने एक दिन प्रश्न किया—"जीवन पूरी तरह अफरा-तफरी में घिर गया है, समय ही नहीं निकल पाता!"

उत्तर मिला—"काम-काज तुम्हें घेरे रहते हैं, लेकिन उनसे जो निकल कर आता है, वह तुम्हें मुक्त करता है।"

विवेकानंद ने पूछा—"जीवन जटिल ही क्यों होता जा रहा है?"

उत्तर मिला—"जीवन का विश्लेषण करना बन्द कर दो। इससे वह जटिल होता जाता है। जीवन को तो तुम बस जीते ही चले जाओ।"

विवेकानंद जानना चाहते हैं—"हम हरदम दुखी ही क्यों रहते हैं?"

उत्तर मिला—"दुखी रहना तुम्हारा स्वभाव बन गया है, इसीलिए तुम खुश नहीं रह पाते।"

फिर प्रश्न करते हैं विवेकानंद—"भले लोग हमेशा जीवन में दुख ही क्यों पाते हैं?"

उत्तर मिलता है—"हीरा हमेशा तराशे जाने पर ही निखरता

है। स्वर्ण को शुद्ध होने के लिए आग में तपना ही होता है। अच्छे लोग दुख पाते हैं, इस तरह सोचना ठीक नहीं है। सच तो यह है कि वे परीक्षाओं से गुजरते हैं। हर प्रकार का अनुभव उनके जीवन को और बेहतर करता चला जाता है।"

विवेकानंद पूछते हैं—"तो, ऐसे अनुभव उपयोगी रहते हैं?"

उत्तर मिला—"हाँ! अनुभव हर प्रकार से एक कड़े शिक्षक की भाँति है। वह परीक्षा लेकर ही शिष्य को सबक देता है।"

विवेकानंद की जिज्ञासा है—"परेशानियों के चलते हम समझ ही नहीं पाते कि हम आखिर जा किस ओर रहे हैं।"

परमहंस कहते हैं—"अपने बाहर झाँक कर तुम यह जान ही नहीं सकते कि किधर जा रहे हो! जानना है, तो अपने भीतर झाँको। नेत्र दृष्टि देते हैं, लेकिन हृदय तो राह दिखाने का काम करता है।"

विवेकानंद जानना चाहते हैं—"क्या नाकामयाबी सही रास्ते पर चलने से ज्यादा तकलीफदेह है?"

परमहंस बताते हैं—"कामयाबी का मापदंड दूसरे लोग निर्धारित करते हैं। लेकिन सन्तोष का मापदंड व्यक्ति स्वयं निर्धारित करता है।"

विवेकानंद का प्रश्न आता है—"कड़े समय में व्यक्ति अपना उत्साह कैसे बनाए रख सकता है?"

उत्तर मिलता है—"हर वक्त यह ध्यान रखे कि वह अब तक कितना चल सका है। यह नहीं कि अभी कितना और चलना शेष रह गया है। जो उपलब्ध हो सका है, उसकी गणना

करो। जो तुम्हें न मिल सका, उसे ध्यान में कभी न रखो।''

विवेकानंद जानना चाहते हैं—''दूसरों की क्या बात आपको चकित करती है?''

रामकृष्ण परमहंस कहते हैं—''जब वे तकलीफ में होते हैं, तो पूछते हैं— 'मेरे साथ ही ऐसा क्यों?' लेकिन जब उन्हें खुशियाँ ही खुशियाँ नसीब हाती हैं, तो यह विचार उन्हें नहीं आता कि 'मैं ही खुश क्यों हूँ?'

विवेकानंद पूछते हैं—''मैं अपने जीवन से सर्वश्रेष्ठ कैसे पा सकता हूँ?''

उत्तर आता है—''अपने अतीत का सामना बिना दुखी हुए करो। सम्पूर्ण आत्मविश्वास से अपना वर्तमान सहेजो। निर्भीक हो कर अपने भविष्य की तैयारी करो।''

अन्त में विवेकानंद रामकृष्ण परमहंस से पूछते हैं—''कभी-कभी ऐसा प्रतीत होता है कि मेरी प्रार्थनाएँ निष्फल होती जा रही हैं।''

उत्तर मिलता है—''प्रार्थना कोई भी निष्फल नहीं रहती। निर्भीक हो कर आस्थावान बने रहो। मनुष्य का सारा जीवन एक रहस्य है, उसे तुम्हें खोजना है। यह कोई समस्या नहीं है जिसे सुलझाना हो। विश्वास मानो, यदि तुम समझ जाओ कि जीना किस तरह से है, तो यही बहुत आश्चर्यजनक है।''

सुपात्र कौन!

विवेकानंद जब-तब रामकृष्ण परमहंस से कुछ न कुछ पूछते

ही रहते थे। एक बार उन्होंने उनके सामने जिज्ञासा रखी—"गुरु जी, ज्ञानी को अपना ज्ञान खुद तक ही रखना चाहिए या उसे दूसरों में बाँटना भी चाहिए।"

रामकृष्ण बोले—"ज्ञान को स्वयं तक न रख कर, उसे विश्व कल्याण के लिए बाँटना आवश्यक है।"

"लेकिन ज्ञान दिया किसको जाए? पात्र कौन है, कौन नहीं, यह कैसे जानें!" विवेकानंद ने अपनी जिज्ञासा को और आगे बढ़ाया।

"ज्ञान तो सुपात्र को ही देना चाहिए। सुपात्र प्राप्त करते समय सभी अँगुलियाँ जोड़े रखता है। ऐसा करने से उसकी अँजुरी पूरी भर जाती है, लेकिन कुपात्र ऐसा नहीं कर पाता। इसलिए उसकी अँजुरी खाली ही रह जाती है।" रामकृष्ण ने विवेकानंद को समझाते हुए कहा।

रामकृष्ण परमहंस के विचार से दो टूक और सरल भाषा में सामने आते हैं, जिन्हें कोई भी आसानी से समझ सकता है। सच पूछें, तो इन्हें समझ लेने वाला व्यक्ति सुपात्र बन सकता है।

वह कहते हैं—संसार का काम-काज करो, पर अपना मन परमेश्वर में बनाए रखो। कछुआ पानी के बीच अवश्य रहता है, किन्तु उसका मन हरदम किनारे पर लगा रहता है। वहाँ उसके अंडे जो रखे हुए हैं!

जो व्यक्ति विषय का त्याग नहीं करते, जिनका अहं किसी भी तरह हटता नहीं है, उनके लिए मैं दास हूँ। यह सोचना अच्छा है कि मैं भक्त हूँ, किन्तु यह सोच लेना कि

मैं ब्रह्म हूँ, यह अभिमान करना अनुचित है।

भगवान को भक्ति उतनी ही प्रिय होती है जितनी बैल को सानी।

विद्या अर्जित करने से यह फायदा रहता है कि व्यक्ति बड़ी आसानी से यह जान जाता है कि असल में वह कुछ जानता नहीं, वह कुछ भी नहीं है।

प्रेम परीक्षा नहीं लेता, विश्वास करता है।

तराजू में किसी एक ओर कुछ रख देने से नीचे और ऊपर की सुई बराबर नहीं रहतीं। नीचे की सुई मन है और ऊपर वाली ईश्वर। नीचे और ऊपर की सुई का एक होना ही योग है।

अद्वैत का अर्थ

जो व्यक्ति अद्वैत मत को मानने लगे, उनके लिए कोई भी मत दूसरा नहीं होता। इसका कारण यह है कि सभी धर्म एक ही लक्ष्य लिए होते हैं। और वह है—परमेश्वर को पाना और ईश्वरीय ज्ञान हासिल करना। अपने जीवन में अद्वैत की साधना में सफल हो रहे रामकृष्ण परमहंस ने सोचा कि क्यों न इस्लाम व ईसाई धर्म को भी समझ लिया जाए!

तभी संयोग से सन् 1866 के अन्तिम दिनों में एक सूफी संत का आगमन दक्षिणेश्वर में हुआ। यह सूफी संत थे गोविंद राम। इस्लाम कबूल कर चुके इस संत के प्रति रामकृष्ण बड़े प्रभावित हुए। उन्होंने उनसे सूफी मत की साधना सिखाने का आग्रह किया। सीखते-सीखते रामकृष्ण इस्लाम की साधना

रामकृष्ण मिशन, बेलूर मठ

में लग गए। इस दौरान वह अल्लाह के नाम का स्मरण करते रहते थे। अपनी वेशभूषा और रहन-सहन में भी उन्होंने परिवर्तन कर लिया था। वह पूरी तरह इस्लाममय हो गए थे। एक दिन उन्हें इस प्रक्रिया में सगुण ब्रह्म का ज्ञान तो हुआ ही, वह निर्गुण ब्रह्म में समा भी गया।

कुछ दिनों के अन्तराल में रामकृष्ण परमहंस ने बाइबिल व ईसा मसीह पर ध्यान केन्द्रित कर लिया। वह प्रायः कोलकाता के एक सज्जन शम्भुचरण से बाइबिल सुनते रहते। विचित्र बात यह थी कि रामकृष्ण परमहंस जिसका ध्यान करते, वही उन्हें नज़र भी आने लगता। वह बुद्ध, महावीर, गुरु नानक व अन्य धार्मिक-सांस्कृतिक विचारकों का आदर करते हुए उन्हें एक ही ईश्वर का रूप मानते थे। उनका कहना था कि उनका

बस समय अलग-अलग रहा है, किन्तु उद्देश्य एक ही था।

यहीं नहीं, उनकी दृष्टि में सारे मनुष्य भी समान थे। न कोई छोटा, न बड़ा। एक दिन की बात है, रामकृष्ण परमहंस के पास एक महिला आई। उन दिनों रामकृष्ण का गला बड़ा खराब चल रहा था। महिला उनके लिए खीर ले कर आई थी। रामकृष्ण ने खीर खाने के बाद उससे कहा— "माँ, मेरा गला बहुत तकलीफ दे रहा है। मेरी पीड़ा दूर कर दो। तुम तो इसका मन्त्र भी जानती हो।"

गला ठीक करने के लिए कंठ पर हाथ फेरना ज़रूरी होता था। महिला अपनी नीची जाति के कारण ऐसा नहीं कर पा रही थी। वह चकित थी कि रामकृष्ण परमहंस को यह खबर हुई कैसे कि वह गला ठीक करने का मन्त्र जानती है! वह हैरानी से माँ शारदा की ओर देखने लगी तो शारदा जी बोलीं— "यह अंतर्दृष्टि संपन्न हैं। इन्हें तो तुम्हारी जाति के बारे में भी सब मालूम है।"

रामकृष्ण परमहंस की यह विशेषता थी कि वह वही कहते थे जो स्वयं भी किया करते, किन्तु प्रारम्भिक दिनों में विवेकानंद (नरेन्द्र) को उनकी हर बात पर विश्वास न होता था। उनका तर्कशील मन किसी भी बात को आँख बन्द कर मान लेने को तैयार ही न होता था। ऐसे ही उन्हें रामकृष्ण परमहंस की यह बात बड़ी विचित्र लगी कि वह पैसे को हाथ ही नहीं लगाते। इससे उन्हें आत्मिक ही नहीं, शारीरिक कष्ट भी होता है। आखिरकार एक दिन विवेकानंद ने उनकी परीक्षा लेने का विचार बनाया।

उन्होंने चोरी-छिपे रामकृष्ण के बिस्तर के नीचे एक रुपया छिपा कर रख दिया। रामकृष्ण जैसे ही अपने बिस्तर पर लेटे, उन्हें दर्द महसूस होने लगा। वह तुरन्त उठ कर खड़े हो गए। खड़े हो गए तो उनका बिस्तर झाड़ा गया। वहाँ से एक रुपया निकल आया। इसके बाद बिस्तर ठीक कर दिया गया तो परमहंस आराम से बिस्तर पर लेट गए।

विवेकानंद के लिए गुरु की यह परीक्षा एक बड़ा अनुभव साबित हुई। वही नहीं, उनके अन्य श्रद्धालु भी यह मानने लगे कि विवेकानंद के यह गुरु राम व कृष्ण का एकरूप हैं—रामकृष्ण परमहंस।

जीवन संध्या में

रामकृष्ण परमहंस के शिष्यों की संख्या बढ़ती ही जा रही थी। अपनी जीवन संध्या में उन्होंने अपने शिष्यों को अनुशासित जीवन जीने का सन्देश प्रमुख रूप से दिया। यह सन् 1885 का अधबीच था। रामकृष्ण जी के गले में भयंकर पीड़ा प्रारम्भ हो गई। जाँच से स्पष्ट हुआ कि उन्हें गले का कैंसर हो गया है। इसके बाद पहले उन्हें ले जाया गया कामारपुकुर के एक निवास में, लेकिन कुछ समय बाद ही जगह बदल दी गई। अब रामकृष्ण काशीपुर के सुन्दर उद्यानगृह में पहुँचा दिए गए। यह स्थान कोलकाता व दक्षिणेश्वर के मध्य में पड़ता है। उनके अधिकांश प्रमुख शिष्य भी देखते-देखते वहीं पहुँच गए। माँ शारदा तो रामकृष्ण परमहंस के साथ में ही थीं।

रामकृष्ण परमहंस अपने इन अन्तिम दिनों में भी अपने शिष्यों को अधिकाधिक ज्ञान देने की चेष्टा में लगे रहते। वह यह भली-भाँति समझ रहे थे कि उनकी जीवन संध्या का यह अन्तिम अध्याय चल रहा है। अपने शिष्यों को भिक्षु-जीवन की दीक्षा देने के बाद 15 अगस्त, सन् 1886 के दिन रामकृष्ण परमहंस ने अन्तिम साँस ले ली और अपने नश्वर शरीर को त्याग दिया।

उनके प्रेरक जीवन से रोम्या रोलाँ व महात्मा गाँधी जैसे महापुरुष भी बहुत प्रभावित हुए थे। रोम्या रोलाँ ने तो उन पर एक पुस्तक भी लिखी। गाँधी जी का कहना था कि "रामकृष्ण परमहंस का जीवन धर्म को क्रियात्मक स्वरूप देने की गाथा है। उनका जीवन हमें ईश्वर के साक्षात दर्शन पाने में सहायक है। उनके जीवन के बारे में जान कर सभी को यह विश्वास व सन्तोष होगा कि ईश्वर का अस्तित्व है। केवल वही सत्य है। शेष सब मिथ्या है। आज के भ्रम-जाल में फँसी हुई दुनिया में रामकृष्ण एक शुभ्र व सजीव विश्वास एवं धर्मनिष्ठा के प्रतीक हैं, जिससे असंख्य लोगों को शान्ति मिलेगी जो अन्यथा आध्यात्मिक प्रकाश के बिना ही रह जाते।"

जब मिलो, तब कुछ पा लो

रामकृष्ण परमहंस का व्यवहार व मिजाज ही कुछ ऐसा था कि जब-जब उनसे मिलो, तब-तब कुछ न कुछ अवश्य अपने लिए पा लो। उनके एक प्रिय शिष्य थे मास्टर। एक दिन वह

रामकृष्ण के साथ उद्यान में घूम रहे थे। वहीं कुछ मधुमक्खियाँ फूलों का रस-पान करते हुए बैठी थीं और कुछ अपनी परिचित आवाज़ निकाल रही थीं। यह देख कर रामकृष्ण ने मास्टर से कहा—"देखा तुमने, कुछ मधुमक्खियाँ आवाज़ किए जा रही हैं और कुछ मज़े से रस-पान करने में लगी हुई हैं। रस-पान के समय मधुमक्खियों की आवाज़ बन्द हो जाती है।"

मास्टर यह सुन कर खामोश रह गए, तो रामकृष्ण ने उन्हें समझाया—"धर्म-कर्म और अर्चना भी ऐसा ही काम होता है।"

मास्टर अब समझ गए कि रामकृष्ण क्या कहना चाह रहे हैं। उनकी समझ में आ गया कि धर्म-कर्म के आडम्बर भी मधुमक्खियों की भन-भन का स्वर जैसे ही हैं।

रामकृष्ण परमहंस ने हिन्दू, इस्लाम, ईसाई आदि सभी धर्मों का आचरण किया। उन्होंने हिन्दू धर्म के विविध सम्प्रदायों एवं मतों की जानकारी भी गहराई से प्राप्त की। उनकी आचरणीय बातों को स्वीकारा भी। इसके बाद वह इस सच्चाई भरे निष्कर्ष पर पहुँचे कि विविध धर्मों के ईश्वर की प्राप्ति के मार्ग अलग-अलग हैं, किन्तु लक्ष्य सभी का एक है। और बस वह है—ईश्वर की प्राप्ति।

सांसारिक जीवन में, उसकी मोह-माया के साथ दुखी लोगों को रामकृष्ण अपनी विशेष शैली में समझाया करते थे।

घूमते-घूमते एक दिन अनायास उन्हें किसी के रुदन का स्वर सुनाई दिया। वह वहीं जा पहुँचे और पूछने लगे—"अरे भाई, तुम रो क्यों रहे हो?"

रोने वाले ने उत्तर दिया—"मेरा जवान बेटा नहीं रहा।"

रामकृष्ण ने उसे समझाया—"सत्य बस ईश्वर है, शेष सब असत्य है। देखो जरा उस तालाब को, वहाँ जल ही सत्य है, उसके बुलबुले नहीं। बुलबुले तो इस क्षण हैं, अगले ही क्षण विलुप्त हो जाएँगे। वे उससे पैदा होते हैं और फिर जल में ही मिल जाते हैं।"

जाने कैसा असर हुआ उस पिता पर कि वह रामकृष्ण की बातों में ही खो कर रह गया। उसे लगा, उसका मन हलका होता जा रहा है।

रामकृष्ण परमहंस की मान्यता है कि ईश्वर रूपी तालाब के अनेक घाट हैं। एक से घड़ों में हिन्दू पानी भरते हैं और उसे जल कहते हैं। दूसरे से मुसलमान मशक में पानी भरते हैं और हम उसे पानी कहते हैं। इसी को ईसाई वाटर कहते हैं, किन्तु इससे क्या तालाब के जल में कोई अन्तर आता है? वह तो जैसा है, वैसा ही रहता है। तो फिर ईश्वर को अलग-अलग कर देना कितना हास्यास्पद है! ईश्वर तो एक ही है, बस उसके नाम अवश्य अलग-अलग हैं। दुनिया भर में इनसान ईश्वर को अपने-अपने ढंग से पाने की कोशिश कर रहा है।

रामकृष्ण परमहंस का कहना था कि प्रत्येक जीव में ईश्वर का वास है। वह इसीलिए बेखटके रात के समय ध्यान करने के लिए प्रायः पंचवटी के वन में जा पहुँचते। रामकृष्ण का भांजा हृदय यह देख घबरा उठता। उसने एक दिन रामकृष्ण से कहा—"तुम रात के समय ऐसे भयावह वन में क्यों चले जाते हो? वहाँ तुम्हें भय नहीं लगता!"

"नहीं तो, कैसा भय? मुझे तो वहाँ ईश्वर से और निकटता की अनुभूति होती है। जो व्यक्ति ईश्वर का ध्यान करता है, उसे कैसा भय!" रामकृष्ण परमहंस ने उसे समझाया। किन्तु वह अब भी कहाँ मानने वाला था, उसने फिर कहा, "वहाँ तुम्हें वन्य जीवों का भय है। तुम्हारी जान को खतरा हो सकता है!"

रामकृष्ण मुस्कराये—"सब जीवों में वही ईश्वर तो हैं! मुझे तो ईश्वर के अतिरिक्त वहाँ कोई भी नहीं मिला।"

अब हृदय को लगा, रामकृष्ण से कुछ भी पूछना ठीक नहीं, उन्हें तो ईश्वर की गहन लौ लग चुकी है।

सच बात यही थी कि रामकृष्ण परमहंस को हर जगह, हर धर्म में ईश्वर ही नज़र आता था। इसीलिए तो उन्होंने कहा है—"संसार का हर धर्म एक घाट है। साफ और श्रद्धामय मन से किसी भी घाट पर चले जाओ, अखंड सन्तोष का पवित्र जल वहाँ मिलेगा। और यह कहना भी ठीक नहीं कि हमारा धर्म दूसरे धर्मों से श्रेष्ठ है। विभिन्न धर्म अलग-अलग ढंग से ईश्वर को प्राप्त करने के साधन भर हैं। माँ काली के मन्दिर तक पहुँचने के कोलकाता में कितने ही मार्ग हैं। इसी तरह ईश्वर को प्राप्त करने के भी अनेक मार्ग हैं। धर्म ईश्वर को पाने का बस एक मार्ग है।"

वास्तव में वह कहना यह चाहते थे कि जो मार्ग अपनाओ, उसी में रम जाओ। वह स्वयं भी तो ऐसा ही करते थे।

यह लक्षण उनमें बहुत पहले ही दिखाई देने लगे थे। रामकृष्ण परमहंस को दक्षिणेश्वर में पुजारी का काम मिला

तो उनका वेतन तय हुआ बीस रुपये। यदि उस समय के हिसाब से देखा जाए, तो यह वेतन पर्याप्त था, लेकिन रामकृष्ण का तो मिजाज ही अलग था, उनकी शिकायतें आए दिन मन्दिर कमेटी के पास पहुँचने लगीं। शिकायतें पहुँचीं तो मन्दिर कमेटी ने उनसे पेश होने को कहा। वस्तुतः कमेटी के लोग उनके बारे में आई शिकायतों से हतप्रभ थे। इन शिकायतों में कोई कहता कि यह विचित्र पुजारी हमने देखा, जो स्वयं चखता है फिर ईश्वर को भोग लगाता है। कोई कहता— पहले फूलों को स्वयं सूँघता है, इसके बाद ही वह ईश्वर को चढ़ाता है।

रामकृष्ण जब कमेटी के सदस्यों के समक्ष पहुँचे तो एक सदस्य ने उनसे सीधे ही पूछ लिया—"यह बात कितनी सच है कि तुम फूलों को सूँघ कर ईश्वर पर चढ़ाते हो?"

रामकृष्ण ने निर्भीक स्वर में उत्तर दिया—"बिना सूँघे मैं ईश्वर पर फूल भला क्यों चढ़ाऊँगा! मैं तो पहले अच्छी तरह सूँघता हूँ कि फूलों में सुगन्ध है भी या नहीं! सुगन्ध होने पर ही फूल अपने ईश्वर को अर्पित करता हूँ।"

कमेटी के दूसरे सदस्य ने रामकृष्ण परमहंस से पूछा— "अच्छा यह बताओ कि यह बात कितनी सही है कि तुम ईश्वर को भोग लगने से पहले, स्वयं ही भोग लगा लेते हो?"

रामकृष्ण इस प्रश्न से भला क्यों घबराते! सहज भाव से बोले, "इसमें चकित होने वाली क्या बात है! मुझे बड़ी अच्छी तरह से याद है, मेरे बचपन में कोई चीज़ खाने के लिए देने से पहले माँ भी खुद चख कर देख लिया करती थीं। अब मैं भी चख कर देख लेता हूँ कि भक्तों ने जो चीज़ ईश्वर के

भोग लगाने को लाकर रखी है, वह उन्हें देने लायक है भी या नहीं!''

रामकृष्ण के इस भोले किन्तु सरल भक्त हृदय उत्तर को सुन कर कमेटी के सभी सदस्य खामोश रह गए।

ऐसे थे भारत के महान विचारक एवं संत स्वामी रामकृष्ण परमहंस। उनका स्वभाव ही ऐसा बन गया था कि वह जो काम करते, उसी में डूब जाते।

रामकृष्ण मिशन

रामकृष्ण परमहंस के सबसे प्रिय शिष्य स्वामी विवेकानंद ने 1 मई 1897 को रामकृष्ण मिशन की स्थापना इस उद्देश्य से की कि वे अपने गुरु की शिक्षाओं का प्रसार करें और ऐसे संन्यासियों को एकत्र कर सकें जो रामकृष्ण परमहंस जी के आदर्शों में गहरी आस्था रखते हों। इसका मुख्यालय बेलूर मठ, कोलकाता में स्थित है। यह संस्था वेदांत दर्शन को व्यावहारिक रूप देने की दिशा में तो आज भी सक्रिय है ही, रामकृष्ण परमहंस की शिक्षाओं के अनुरूप जन-कल्याण के कार्य भी कर रही है। इसकी अनेक शाखाएँ देश और विदेश में सक्रिय हैं।

❑❑❑